학령기 아동의 언어치료를 위한

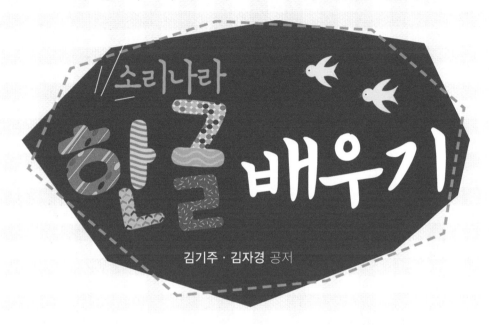

소리나라
한글 배우기

김기주 · 김자경 공저

③ 글자와 소릿값이 같은 낱말

학지사

한글을 효과적으로 습득하기 위해서는 체계적인 읽기 원리에 바탕을 둔 학습이 이루어져야 합니다. 즉, 낱말 이해(의미), 낱말 소리(발음), 낱말 구성(철자)이라는 세 가지 요소가 동시적으로 고려된 학습이 이루어져야 한다는 의미입니다. 이러한 체계적 읽기 원리에 바탕을 둔 통합적 접근은 자연스럽고 효과적으로 한글을 습득할 수 있게 합니다.

읽기를 지도하는 방법은 여러 가지가 있습니다. 전통적인 방법으로는 자음과 모음의 형태와 소리를 알려 주고 그것의 결합 원리를 가르치는 발음 중심 접근법(phonics approach: ㄱ+ㅏ=가)이나, 쓰기훈련을 통해 발음 원리를 익히는 방법이 있습니다. 또한 새로 배울 낱말의 의미와 내용을 강조하는 동화를 읽어 주기 전에 플래시 카드로 낱말을 미리 보여 주고, 문장과 그림의 설명으로 확인해 보는 총체적 낱말지도법(whole-word approach)이나, 학생들로 하여금 자신이 쓴 이야기를 읽게 하는 언어 경험 접근법(language experience approach)도 있습니다. 특별한 읽기지도 방법으로는 새로 나온 낱말을 발음하면서 모래판 등에 글씨를 써 보거나 점토로 글자를 만들어 보며 익히는 다감각 접근법(Fernald method), 손가락 등으로 글자를 쫓아가면서 지도자

의 소리와 자신의 소리를 들으면서 글을 읽는 신경학적 각인법(neurological imprinting)도 있습니다. 또한 음운인식 능력과 명명속도의 결함이 읽기장애를 예측하는 변인으로 밝혀지면서 음운인식 훈련과 명명속도 훈련법도 특별한 읽기지도 방법에 포함되었습니다.

저는 15년간 언어치료를 해 오면서 한글공부를 오랫동안 했지만 한글 습득이 안 된다는 난독증 아동, 글자를 읽을 수는 있지만 무슨 뜻인지를 모르는 지적장애 아동, 늘 남아서 받아쓰기를 하다가 학습에 흥미를 잃어버린 학습 부진 아동 등, 한글학습에 어려움이 있는 아동들을 많이 만났습니다. 그리고 이들에게 한글지도를 하면서 느꼈던 전통적인 방식의 한계들을 극복하고자 읽기이론과 체계에 대하여 연구하였습니다. 특히 읽기장애 아동의 특성을 이해하여 음운인식 훈련과 명명속도 훈련 등 원인별 맞춤 지도 방법들을 시도하고 연구하였습니다.

하지만 읽기장애 아동에게 단편적인 원인론적 접근은 어느 정도의 개선을 가능하게 하나, 완전한 한글 습득을 돕는 데는 한계가 있었습니다. 음운 인식이나 명명 속도에 결함이 있는 읽기장애 아동들의 약점을 보완하는 것만으로

는 눈에 띄는 향상을 기대하기 어려웠던 것은 물론이고, 읽기 동기 자체가 약해지는 결과를 낳을 뿐이었습니다. 한글 습득은 조금 이해되면 다음 과정으로 넘어갈 수 있는 문제가 아닌, 100% 이해되어야 하는 기초학습능력입니다. 따라서 조금 향상된 결과만으로는 효과적인 해결책이라 제시하기 어렵습니다.

그러나 이 책에서는 단편적인 접근이 아닌, 낱말 이해(의미), 낱말 소리(발음), 낱말 구성(철자)의 세 가지 요소를 동시적으로 고려한 통합적 접근으로 한글지도가 이루어지기 때문에 완전한 한글 습득이 가능합니다. 또한 이론을 토대로 개발하여 임상현장에서 5년간 소리나라의 언어치료사들과 아동들이 실제로 활용하며 보완·발전시켰습니다.

사용 매뉴얼을 읽어 보면 특수교사나 언어치료사들뿐만 아니라, 부모님과 일반교사들도 손쉽게 지도할 수 있음을 알 수 있습니다. 이 책을 통해 아동들이 재미있게 한글공부를 하고, 자연스럽게 한글을 익혀 가는 모습을 지켜보실 수 있을 겁니다.

임상현장에 있으면서 국내에는 한글지도를 비롯하여 특별한 어려움을 가진 아동들을 위한 교재가 다양하지 못한 점이 늘 아쉬웠습니다. 그래서 박사 과정을 시작할 때, 올바른 학문적 토대 위에 임상현장에서 손쉽게 적용할 수 있는 교재를 만들고 싶은 꿈을 꾸었습니다. 한글공부를 어떻게 시켜야 할지 막막하신 부모님들, 쉽고 재미있게 한글지도를 하고 싶은 선생님들, 체계적으로 한글지도를 돕고 싶은 치료사들 모두에게 이 교재가 유익한 도움이 되길 바랍니다.

통합적인 접근에 의한 한글지도서인 『학령기 아동의 언어치료를 위한 소리나라 한글 배우기』(1~4권)가 만들어질 수 있도록 이끌어 주신 김자경 교수

님께 감사드립니다. 여러 차례 수정될 때마다 임상연구를 맡아 주신 소리나라 언어치료사 은정, 혜선, 민혜, 혜은, 윤정, 신혜와 끝까지 응원해 준 남편과 아이들에게도 감사를 전합니다. 마지막으로, 나누기 위해 배워야 한다는 가르침을 주신 목사님들과 하나님께 감사드립니다.

글자를 익히기 위해서는 의미(낱말 이해), 발음(낱말 소리), 철자(낱말 구성)의 구성 원리를 인식하는 과정이 통합적으로 잘 이루어져야 합니다.

낱말 이해
(의미 지식)

낱말 소리
(발음 지식)

낱말 구성
(철자 지식)

Seidenberg & McCelland (1989).

숙련된 읽기는 의미 지식, 발음 지식, 철자 지식이 조화를 이루며 고도로 상호작용하여 이루어진 결과다 (Adams, 1990).

1. 한글교육은 아동이 의미를 알고 있는 낱말로 시작해야 합니다

일상생활에서 자주 들어 알고 있는 낱말에 대해서는 그 '의미'와 지칭하는 '발음'에 대한 인식이 이루어져 있기 때문에 글자를 익히기에 유리합니다. 낱말그림을 보고 '사과'라고 읽는 것은 의미과정에서 발음으로 이어지는 과정이고, 철자를 보고 '사과'라고 읽는 것은 해독과정에서 발음으로 이어지는 과정으로, 각각 분리되어 있는 것 같지만 글자와 낱말그림의 의미가 이해되는 과정이 통합되지 않는다면 장기기억으로 이어지지 않습니다.

2. 낱말 그림과 글자를 대응해 봄으로써 한글의 구성 원리를 이해할 수 있습니다

글자는 자음, 모음을 분리해서 익히는 것보다는 먼저 의미와 발음을 인식하고 있는 낱말을 글자와 대응해 보며 한글의 구성 원리를 인식하는 과정을 친숙하게 해 주는 것이 좋습니다. 종종 한글을 배울 때 따라쓰기를 시키는 경우가 있는데, 그림과 글자를 대응해 보고 해당 낱말에 대한 글자가 어떻게 이루어졌는지에 대한 시각적 기억이 이루어지지 않은 수준에서의 따라쓰기는 큰 효과가 없습니다.

각 권의 1단계는 글자의 시각적 기억을 돕는 단계로, 낱말그림과 글자를 대응하도록 구성되어 있습니다. 더 많은 연습이 필요할 경우에는 부록의 그림과 글자를 잘라 맞추기 게임처럼 활용해도 좋습니다. 이 단계에서는 낱말의 소리를 말하게 하는 것보다는 들려주는 것에 중점을 두는 것이 효과적입니다.

3. 읽기능력은 명명 속도와 관련 깊습니다

각 과제별 낱말그림과 글자를 대응하는 단계를 마치면 명명하기 과제가 주어집니다. 사물 명명하기(재인능력)는 읽기 기초능력을 향상시켜 줍니다. 1권의 경우, 사물 명명(그림 명명) 과제와 사물-글자 명명 과제를 따로 제시함으로써 이 과정에 더욱 충실할 수 있도록 하였습니다.

4. 글자를 보고 자동적으로 읽을 수 있을 때까지 연습해야 합니다

글자를 완전히 익히기 위해서는 "저 글자는 어떻게 읽지?"라고 물어본 후 아동이 조금도 주저함 없이 자동적으로 읽을 수 있을 때까지 반복해야 합니다. 2단계(1권의 경우는 3단계)는 낱말그림과 글자가 임의로 배열되어 있습니다. 처음부터 읽어 보라고 하는 것보다는 우선 낱말그림이나 글자를 찾아보는 게임으로 시작하면 좋습니다. 예를 들어 "사과는 어디 있지?"라고 물으면 아동이 낱말그림이나 글자를 찾도록 할 수도 있고, 낱말그림을 짚으며 "이 그림의 글자는 어디 있지?" 등으로 1단계의 복습처럼 도입하면 좋습니다.

그다음에는 낱말그림과 글자가 임의로 배열되어 있는 것을 하나씩 손으로 짚으며 '따라 말하기'를 한두 차례 합니다. 익숙하지 않은 과제에 대해 테스트만 많은 경우 그 자체로 흥미를 잃게 만들 수 있기 때문에 스스로 익숙하게 읽을 수 있을 때까지는 '따라 말하기'나 '같이 말하기' 활동을 반복해 주어야 합니다. 아동 스스로 읽는 것이 가능해지면 자동적으로 읽을 수 있을 때까지 반복연습을 하면 됩니다. 명명 속도는 18개의 명명과제를 15~25초 사이에 읽을 수 있으면 적절합니다.

5. 낱말의 의미와 소리를 익힌 다음에는 낱말을 제대로 익혔는지 확인하는 복습 과정이 필요합니다

4개의 과제가 끝날 때마다 1권에서는 낱말 빙고 활동을 2, 3권에서는 음절 변별과 음성 합성의 음운인식훈련을 구성하여 익힌 낱말에 대해 복습할 수 있도록 하였습니다. 4권에서는 철자를 바르게 익혔는지 확인하기 위해 비슷한 글자 중에서 알맞은 글자를 변별해 내는 과정을 두었습니다. 즉, 거짓낱말을 제시함으로써 시기억에 대해 확인할 수 있게 하였습니다. 이 과정에서 비슷한 오류가 반복되는 경우, 도형 변별력을 높여 주는 칠교놀이 등의 활동을 병행하는 것이 도움이 될 수 있습니다.

6. 효과적인 학습을 위해 한 회기당 6개의 낱말로 구성했습니다

연구에 의하면, 한 번에 5~7개의 낱말을 익히는 것이 가장 효과적이라고 합니다. 너무 많은 양이 제시되면, 한 개의 낱말도 제대로 익히지 못하는 결과를 초래합니다. 그리고 제시하는 낱말 중에 이미 알고 있는 낱말이 40~70% 포함되어 있을 때 최적의 학습이 이루어진다고 합니다. 따라서 1, 2권은 아동이 한글학습에 흥미를 잃지 않도록 낱말을 반복 구성하였습니다.

7. 읽기능력은 음운인식능력과 관련 깊습니다

음운인식능력이란 '/사과/에서 /사/ 소리를 **빼면** 어떤 소리만 남을까? (/과/)' '/바/에 /ㄹ/을 더하면 어떤 소리가 될까? (/발/)'와 같이 발음을 조합하고 구성하는 능력입니다. 한글 습득을 힘들어하는 아동들은 대체로 음운인식능력이 낮은 편입니다. 음운인식훈련을 용이하게 하기 위해서는 친숙한 낱말그림과 같은 힌트가 제공될 필요가 있습니다.

1, 2, 3권에서는 4개의 과제를 마칠 때마다 그동안에 배운 낱말을 활용하여 음운인식훈련을 하도록 구성되어 있습니다. 한 과제에서 다루는 6개의 낱말은 음절 변별을 할 수 있도록 첫음절과 끝음절이 동일한 낱말 2개씩 포함하여 구성하였습니다. 한글을 익히는 데 있어 음운인식훈련이 필요하지만 한글을 처음 익히거나 한글 습득이 곤란한 읽기장애 아동의 경우에는 음운인식훈련에 지나치게 초점을 두는 것은 바람직하지 않기 때문에 1권에서는 음운인식훈련으로 음절 변별 과제만을 구성하였습니다.

8. 음운 변동이 일어나는 원리가 같은 낱말끼리 묶어 학습하는 것이 좋습니다

기초적인 자모지식을 획득하려면 한글에 대한 의미-발음-철자에 대한 통합적인 교육이 바탕이 되어야 합니다. 그러고 나서 음운 변동이 일어나는 낱말을 학습해야 읽기 유창성이 완성될 수 있습니다. 이때 음운 변동이 일어나는 원리가 같은 낱말을 함께 익히는 것이 효과적입니다. 4권은 연음법칙(낙엽-/나겹/), 구개음화(해돋이-/해도지/), 비음화(목마-/몽마/), 된소리화(보름달-/보름딸/)를 보이는 낱말들로 묶었으며 그림으로 표현될 수 있고 음운 변동이 일어나는 대표적인 낱말로 구성하였습니다.

〈각 권별 구성〉

『학령기 아동의 언어치료를 위한 소리나라 한글 배우기』는 총 4권으로, 각 권의 구성은 다음과 같습니다.

❖ 1권은 받침이 없는 낱말, 2권은 받침이 있는 낱말로 이루어져 있고, 1, 2권의 낱말은 유치원 교육과정에 포함되어 있습니다.

❖ 3권은 글자와 소릿값이 같은(음운 변동이 일어나지 않는) 낱말, 4권은 글자와 소릿값이 다른(음운 변동이 일어나는) 낱말과 문장으로 구성되어 있고, 3, 4권의 낱말은 초등학교 1~2학년 교육과정에 포함되어 있습니다.

❖ 2, 3권은 친숙한 동요의 가사를 포함하여 짧은 글을 읽어 보는 활동을 해 볼 수 있도록 구성되어 있습니다.

TIP • 각 권의 낱말을 90% 이상 습득한 후 다음 권으로 넘어가는 것이 좋습니다.

• 복습 방법은 각 과제를 두 번씩 다루기, 4개의 과제가 끝날 때마다 재복습하기, 모든 과제를 마치면 처음부터 다시 해 보기 등이 있으며, 아동의 흥미도에 따라 선택하시면 좋습니다.

참고문헌

Seidenberg, M. S., & McClelland, J. L. (1989). A distributed, developmental model of visual word recognition and naming. *Psychological Review, 96*, 523-568.

Adams, M. J. (1990). *Beginning to read: Thinking and learning about print*. Cambridge, MA: MIT Press.

『학령기 아동의 언어치료를 위한 소리나라 한글 배우기』3권에 수록된 낱말은 초등학교 1~2학년 교육과정에 포함되어 있으며, 음운 변동이 일어나지 않는(글자와 소릿값이 같은) 낱말로 구성되어 있습니다. 글자의 구성 원리를 이해하기 힘들어하는 읽기장애(난독증) 아동이나 발달지체 아동에게 유리하며, 2권에 수록된 낱말을 읽을 수 있는 아동은 3권부터 사용해도 무방합니다. 3권도 아동의 성취감과 한글학습에 대한 흥미 및 동기 유발을 고려하여 각 과제를 6개의 낱말로 구성하였으며, 효과적인 한글 습득을 위해 첫음절이 같은 낱말과 끝음절이 같은 낱말을 2개 이상씩 구성하였습니다. 20회기[과제 16회기, 음운인식훈련(음절 변별 및 합성) 4회기] 동안 84개의 낱말을 반복하여 익힐 수 있게 구성되어 있습니다.

각 과제는 다음과 같은 단계로 이루어져 있습니다.

❖ 1단계: 낱말그림-글자 대응
❖ 2단계: 사물-글자 명명
❖ 3단계: 문장 읽기

1단계는 낱말그림–글자 대응하기 과제입니다. 6개의 글자와 낱말그림을 맞춰 보면서 글자의 의미를 익히도록 구성되었습니다.

〈1단계 활동 시범〉

1. 교사가 그림의 이름을 명명해 줍니다.
   예 교사: (꼬리 그림을 가리키며) 꼬리, (걸레 그림을 가리키며) 걸레 …….
2. 교사가 글자의 소릿값을 말합니다.
   예 교사: (꼬리 글자를 가리키며) 꼬리, (꼬마 글자를 가리키며) 꼬마 …….
3. 그림과 글자를 연결시켜 봅니다.
   예 교사: (꼬리를 가리키며) 이건 뭘까?
   아동: 꼬리.
   교사: 그래, 꼬리야. 이제 '꼬리' 글자를 한번 찾아볼까?

아동이 쉽게 익히지 못한다면, 부록의 글자와 그림카드로 맞추기 놀이를 하며 복습해 보세요. 교사가 말하는 글자나 그림카드를 빨리 찾는 놀이도 할 수 있겠죠. 아동의 습득 속도를 고려해서 교사가 글자카드를 집고 아동에게 쉬운 그림카드를 찾을 수 있게 하거나, 반대로 낱말 찾기 놀이를 하는 것도 좋은 학습방법입니다.

2단계는 글자와 그림으로 구성된 낱말을 명명하기입니다. 글자의 자음과 모음의 구성을 눈으로 익히고, 소릿값과 연결시켜 보는 것이 목적이므로 교사(부모) 따라 읽기와 함께 읽기를 충분히 하는 것이 좋습니다.

〈2단계 활동 시범〉

1. 교사가 명명하는 낱말을 아동이 찾도록 합니다.
   예 교사: '꼬리'는 어디 있지?
   * 아동이 그림카드를 지적한다면, 교사는 글자카드도 함께 가리켜 줍니다.
   * 아동이 글자카드를 지적하는 것이 편안해지면 다음 활동으로 넘어갑니다.
2. 교사가 그림과 글자의 이름을 명명해 주면, 아동이 따라 말하게 합니다.
   예 교사: ('꼬리' 글자를 가리키며) 꼬리, ('꼬리' 그림을 가리키며) 꼬마 …….
   아동: 꼬리, 꼬마 …….
3. 교사와 아동이 함께 그림과 글자의 이름을 명명합니다.
   예 교사와 아동: ('꼬리' 글자를 가리키며) 꼬리, ('꼬리' 글자를 가리키며) 꼬마 …….
   * 아동이 명명하는 것을 편안해하면 교사는 목소리를 작게 하는 것이 좋고, 아동이 명명하는 것을 어려워한다면 교사는 큰 목소리로 해 주는 것이 좋습니다.
4. 아동 혼자 명명하게 합니다.
   예 교사: 이제 너 혼자 읽어 보렴(전체 속도를 측정한다).
   * 15~25초 사이에 명명할 수 있다면 3단계로 넘어가도 됩니다.

낱말 찾기	선생님 따라 읽기	선생님과 같이 읽기	혼자 읽기(15~25초 사이에 읽으면 다음 과제로 넘어가기)		
성공한 횟수:	1회 ○ 2회 ○ 3회 ○	1회 ○ 2회 ○ 3회 ○	1회: 초	2회: 초	3회: 초

읽기장애(난독증)를 가진 아동의 경우에는 같은 글자에 형광펜으로 색칠을 해 주면 자음과 모음의 구성 원리를 익히고 그것을 소릿값과 연결하는 과정에 도움이 됩니다.

3단계는 문장 읽기 단계로, 친숙한 동요의 가사로 구성되어 있습니다. 교사(부모)가 먼저 손으로 짚으며 한 줄씩 읽고, 아동이 따라 읽는 활동을 자주 반복해 주면 신경학적으로 각인이 되어 자동적인 읽기 유창성 증진에 도움이 됩니다.

개구리

개굴개굴 개구리 너희 집이 어디냐

미나리 밭이 내 집이다

개굴개굴 개구리 너희 집이 어디냐

미나리 밭이 내 집이다

4개의 과제를 마치면 과제 1~4에 나온 낱말을 복습하는 활동이 나옵니다. 복습 활동은 음운인식훈련(음절 변별 및 합성) 과제로 구성되어 있습니다. 음절 변별 과제는 낱말을 기억하는 능력과도 관련이 있으므로 그림으로 제시하며 변별 훈련을 한 다음, 말소리만으로 질문하는 과정을 두는 것이 좋습니다.

• 음절 변별 과제

1. 꼬리, 기와, 꼬마에서 첫소리가 다른 것은?
2. 까치, 수레, 걸레에서 끝소리가 다른 것은?
3. 새총, 깡통, 새털에서 첫소리가 다른 것은?
4. 배달, 메달, 과일에서 끝소리가 다른 것은?
5. 세배, 세균, 왕비에서 첫소리가 다른 것은?
6. 망치, 꽁치, 레몬에서 끝소리가 다른 것은?
7. 바퀴, 바위, 운동화에서 첫소리가 다른 것은?
8. 다람쥐, 개울, 생쥐에서 끝소리가 다른 것은?

• 음성 합성 과제

꼬	리	본	수	기	와	식
새	탁	걸	레	몬	배	달
총	꼬	마	바	위	과	일
바	퀴	까	치	마	바	늘
깡	통	장	세	배	왕	관

음절 합성 과제는 교사가 낱말을 불러 주면 아동이 찾거나, 각 음절을 가위로 잘라서 책상 위에 펼쳐 두고 낱말을 완성해 가는 방법으로 활용할 수 있습니다. 특히 글자의 순서 혼동이 있는 아동은 음절 합성 과제 단계에서 한 음절씩 낱개로 잘라진 카드로 낱말을 구성해 보도록 하는 것이 좋습니다.

• 비낱말-낱말 인식 훈련

꼬리	리보	꽁치	래몬	과길
새총	까치	걸레	수래	개울
식빵	필동	망지	세배	새균
기와	새털	베달	깡통	바끼
다람쥐	키와	운동화	웡비	바퀴

마지막으로 비낱말-낱말 인식훈련을 과제평가용으로 사용하시면 좋습니다.

차례

글자와 소릿값이 같은 낱말을 읽을 수 있어요.

과제 **1** 에서 배우는 낱말

	꼬리	꼬마	까치	수레	걸레	기와
학습 전						
학습 후						

◉ 읽을 수 있는 낱말에 ○ 하세요.

꼬리	꼬마	까치	수레	걸레	기와

낱말 찾기	선생님 따라 읽기	선생님과 같이 읽기	혼자 읽기(15~25초 사이에 읽으면 다음 과제로 넘어가기)		
성공한 횟수:	1회 ○ 2회 ○ 3회 ○	1회 ○ 2회 ○ 3회 ○	1회: 초	2회: 초	3회: 초

꼬리		걸레		기와	
꼬마	걸레		수레		꼬마
수레		꼬리	까치	기와	까치

개구리

개굴개굴 개구리 너희 집이 어디냐

미나리 밭이 내 집이다

개굴개굴 개구리 너희 집이 어디냐

미나리 밭이 내 집이다

글자와 소릿값이 같은 낱말을 읽을 수 있어요.

과제 2에서 배우는 낱말

	새총	새털	깡통	배달	메달	과일
학습 전						
학습 후						

◉ 읽을 수 있는 낱말에 ○ 하세요.

새총 새털 깡통 배달 메달 과일

과제 2-2단계 [사물-글자 명명]

낱말 찾기	선생님 따라 읽기	선생님과 같이 읽기	혼자 읽기(15~25초 사이에 읽으면 다음 과제로 넘어가기)		
성공한 횟수:	1회 ○ 2회 ○ 3회 ○	1회 ○ 2회 ○ 3회 ○	1회: 초	2회: 초	3회: 초

여우야 여우야

여우야 여우야 뭐하니

잠잔다 잠꾸러기

여우야 여우아 뭐하니

밥 먹는다 무슨 반찬 개구리 반찬

죽었니 살았니 살았다

글자와 소릿값이 같은 낱말을 읽을 수 있어요.

과제 3에서 배우는 낱말

	세배	세균	왕비	망치	꽁치	레몬
학습 전						
학습 후						

◉ 읽을 수 있는 낱말에 ○ 하세요.

세배	세균	왕비	망치	꽁치	레몬

낱말 찾기	선생님 따라 읽기	선생님과 같이 읽기	혼자 읽기(15~25초 사이에 읽으면 다음 과제로 넘어가기)		
성공한 횟수:	1회 ○ 2회 ○ 3회 ○	1회 ○ 2회 ○ 3회 ○	1회:　초	2회:　초	3회:　초

세균	왕비		꽁치	레몬	
		꽁치	망치		세배
세배	레몬	세균		망치	왕비

어디까지 왔니

어디까지 왔니 아직 아직 멀었다

어디까지 왔니 돌다리를 건넜다

어디까지 왔니 동구 밖에 왔다

어디까지 왔니 마을 길에 왔다

어디까지 왔니 갈림길에 들었다

글자와 소릿값이 같은 낱말을 읽을 수 있어요.

과제 4에서 배우는 낱말

	바퀴	바위	개울	다람쥐	생쥐	운동화
학습 전						
학습 후						

◉ 읽을 수 있는 낱말에 ○ 하세요.

바퀴	바위	개울	다람쥐	생쥐	운동화

낱말 찾기	선생님 따라 읽기	선생님과 같이 읽기	혼자 읽기(15~25초 사이에 읽으면 다음 과제로 넘어가기)		
성공한 횟수:	1회 ◯ 2회 ◯ 3회 ◯	1회 ◯ 2회 ◯ 3회 ◯	1회: 초	2회: 초	3회: 초

바위	다람쥐		개울	생쥐	
생쥐			바퀴	개울	운동화
	운동화	바퀴	다람쥐		바위

우리 마을

저 달 봤나 나도 봤다

저 해 봤나 나도 봤다

저 구름 봤나 나도 봤다

저 물 봤나 나도 봤다

복습하기 1

음운인식훈련

비낱말-낱말 인식 훈련

1. 꼬리, 기와, 꼬마에서 첫소리가 다른 것은?

2. 까치, 수레, 걸레에서 끝소리가 다른 것은?

3. 새총, 깡통, 새털에서 첫소리가 다른 것은?

4. 배달, 메달, 과일에서 끝소리가 다른 것은?

5. 세배, 세균, 왕비에서 첫소리가 다른 것은?

6. 망치, 꽁치, 레몬에서 끝소리가 다른 것은?

7. 바퀴, 바위, 운동화에서 첫소리가 다른 것은?

8. 다람쥐, 개울, 생쥐에서 끝소리가 다른 것은?

꼬	리	본	수	기	와	식
새	탁	걸	레	몬	배	달
총	꼬	마	바	위	과	일
바	퀴	까	치	마	바	늘
깡	통	장	세	배	왕	관

꼬리	리보	꽁치	래몬	과길
새총	까치	걸레	수래	개울
식빵	필동	망지	세배	새균
기와	새털	베달	깡통	바끼
다람쥐	키와	운동화	웡비	바퀴

글자와 소릿값이 같은 낱말을 읽을 수 있어요.

과제 5에서 배우는 낱말

	식빵	식탁	필통	경찰관	현관	펭귄
학습 전						
학습 후						

◉ 읽을 수 있는 낱말에 ○ 하세요.

식빵   펭귄   필통   현관   경찰관   식탁

낱말 찾기	선생님 따라 읽기	선생님과 같이 읽기	혼자 읽기(15~25초 사이에 읽으면 다음 과제로 넘어가기)		
성공한 횟수:	1회 ○ 2회 ○ 3회 ○	1회 ○ 2회 ○ 3회 ○	1회: 초	2회: 초	3회: 초

남생아 놀아라

남생아 놀아라 촐래 촐래가 잘 논다

남생아 놀아라 촐래 촐래가 잘 논다

글자와 소릿값이 같은 낱말을 읽을 수 있어요.

과제 6에서 배우는 낱말

	왕자	왕관	백마	괴물	콩나물	눈썹
학습 전						
학습 후						

◉ 읽을 수 있는 낱말에 ○ 하세요.

왕자　　왕관　　백마　　괴물　　콩나물　　눈썹

낱말 찾기	선생님 따라 읽기	선생님과 같이 읽기	혼자 읽기(15~25초 사이에 읽으면 다음 과제로 넘어가기)		
성공한 횟수:	1회 ○ 2회 ○ 3회 ○	1회 ○ 2회 ○ 3회 ○	1회: 초	2회: 초	3회: 초

	왕자	괴물	콩나물	(말 그림)	눈썹
왕관	(붓통 그림)	눈썹	왕자	백마	괴물
백마	왕관		(괴물 그림)	콩나물	

나물 노래

꼬불꼬불 고사리 이 산 저 산 넘나물

가자 가자 갓나무 오자 오자 옻나무

말랑말랑 말냉이 잡아 뜯어 꽃다지

배가 아파 배나무 따끔따끔 가시나물

바귀바귀 씀바귀 매끈매끈 기름나물

글자와 소릿값이 같은 낱말을 읽을 수 있어요.

과제 **7**에서 배우는 낱말

	씨름	씨앗	쌀통	꾀꼬리	귀고리	휘파람
학습 전						
학습 후						

◉ 읽을 수 있는 낱말에 ○ 하세요.

| 씨름 | 씨앗 | 쌀통 | 꾀꼬리 | 귀고리 | 휘파람 |

낱말 찾기	선생님 따라 읽기	선생님과 같이 읽기	혼자 읽기(15~25초 사이에 읽으면 다음 과제로 넘어가기)		
성공한 횟수:	1회 ○ 2회 ○ 3회 ○	1회 ○ 2회 ○ 3회 ○	1회: 초	2회: 초	3회: 초

	씨앗	휘파람	꾀꼬리		쌀통
	꾀꼬리		귀고리	씨앗	씨름
쌀통	귀고리		휘파람		씨름

꼬마야 꼬마야

똑 똑 누구십니까

꼬마입니다 들어오세요

꼬마야 꼬마야 뒤로 돌아라

꼬마야 꼬마야 땅을 짚어라

꼬마야 꼬마야 한 발을 들어라

꼬마야 꼬마야 잘 가거라

글자와 소릿값이 같은 낱말을 읽을 수 있어요.

과제 8에서 배우는 낱말

	화분	화살	멍게	크레파스	코스모스	미끄럼틀
학습 전						
학습 후						

◉ 읽을 수 있는 낱말에 ○ 하세요.

크레파스　　　화살　　　미끄럼틀　　　화분　　　코스모스　　　멍게

낱말 찾기	선생님 따라 읽기	선생님과 같이 읽기	혼자 읽기(15~25초 사이에 읽으면 다음 과제로 넘어가기)		
성공한 횟수:	1회 ○ 2회 ○ 3회 ○	1회 ○ 2회 ○ 3회 ○	1회: 초	2회: 초	3회: 초

	멍게	코스모스	화살		화분
멍게		화살	미끄럼틀	화분	크레파스
미끄럼틀	코스모스	크레파스			

이 박 저 박

이 박 저 박 꼰지박 하늘에 올라 조롱박

다 따 먹은 난두박 처마 끝에 대롱박

꼬부랑 막대 탁 치니

꼬부랑 꼬부랑 꼬부랑 깽

복습하기 2

음운인식훈련

비낱말-낱말 인식 훈련

1. 식빵, 필통, 식탁에서 첫소리가 다른 것은?

2. 펭귄, 현관, 경찰관에서 끝소리가 다른 것은?

3. 왕자, 왕관, 백마에서 첫소리가 다른 것은?

4. 괴물, 콩나물, 눈썹에서 끝소리가 다른 것은?

5. 씨름, 씨앗, 쌀통에서 첫소리가 다른 것은?

6. 휘파람, 꾀꼬리, 귀고리에서 끝소리가 다른 것은?

7. 멍게, 화분, 화살에서 첫소리가 다른 것은?

8. 코스모스, 미끄럼틀, 크레파스에서 끝소리가 다른 것은?

화	분	필	크	레	파	스
살	수	통	현	식	탁	미
구	경	찰	관	빵	구	끄
쌀	씨	앗	살	뿌	생	럼
통	름	귀	고	리	쥐	틀

왕자	왕간	개물	경찰관	현쾨
팽권	백마	왕차	눈썹	싸통
퀴파람	과분	멍게	괴물	크레파스
미끄럽틀	씨름	화분	코스모스	키파
씨아	콩나물	식빵	지빠	화살

글자와 소릿값이 같은 낱말을 읽을 수 있어요.

과제 9에서 배우는 낱말

	권총	권투	썰매	꽹과리	회오리	탬버린
학습 전						
학습 후						

◉ 읽을 수 있는 낱말에 ○ 하세요.

회오리 권투 썰매 꽹과리 권총 탬버린

낱말 찾기	선생님 따라 읽기	선생님과 같이 읽기	혼자 읽기(15~25초 사이에 읽으면 다음 과제로 넘어가기)		
성공한 횟수:	1회 ○ 2회 ○ 3회 ○	1회 ○ 2회 ○ 3회 ○	1회: 초	2회: 초	3회: 초

	권총		권투	꽹과리	회오리
	탬버린	꽹과리	권총	썰매	
회오리		썰매		권투	탬버린

두껍아 두껍아

두껍아 두껍아 헌 집 줄게 새 집 다오

두껍아 두껍아 물 길어 오너라

두껍아 두껍아 너희 집 지어 줄게

두껍아 두껍아 너희 집 불났다

쇠스랑 가지고 뚤레뚤레 오너라

글자와 소릿값이 같은 낱말을 읽을 수 있어요.

과제 10에서 배우는 낱말

	황금	황소	뜀틀	계산기	청진기	고무줄
학습 전						
학습 후						

◉ 읽을 수 있는 낱말에 ○ 하세요.

| 뜀틀 | 황소 | 황금 | 계산기 | 청진기 | 고무줄 |

낱말 찾기	선생님 따라 읽기	선생님과 같이 읽기	혼자 읽기(15~25초 사이에 읽으면 다음 과제로 넘어가기)		
성공한 횟수:	1회 ○ 2회 ○ 3회 ○	1회 ○ 2회 ○ 3회 ○	1회: 초	2회: 초	3회: 초

	뜀틀	계산기	황금	황소	
황소	고무줄				청진기
청진기	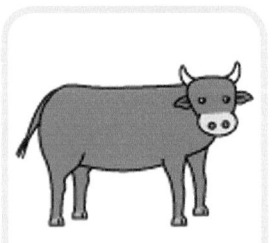	뜀틀	고무줄	황금	계산기

o86

둥개 둥개 둥개야

둥개 둥개 둥개야 두둥 둥개 둥개야

날아가는 학선아 구름 밑에 숨어라

얼음 밑에 수달피 썩은 나무에 부엉이

둥개 둥개 둥개야 두둥 둥개 둥개야

과제 11에서 배우는 낱말

	케이블카	케이크	휴지	도서관	박물관	원숭이
학습 전						
학습 후						

◉ 읽을 수 있는 낱말에 ○ 하세요.

| 원숭이 | 케이크 | 휴지 | 도서관 | 박물관 | 케이블카 |

낱말 찾기	선생님 따라 읽기	선생님과 같이 읽기	혼자 읽기(15~25초 사이에 읽으면 다음 과제로 넘어가기)		
성공한 횟수:	1회 ○ 2회 ○ 3회 ○	1회 ○ 2회 ○ 3회 ○	1회: 초	2회: 초	3회: 초

 케이블카 도서관 케이크 휴지

박물관 원숭이 휴지 케이블카

원숭이   박물관 케이크 도서관

널뛰기

쿵덕쿵 쿵덕쿵 널뛰는데 사래기 받아서 닭 주고

쿵덕쿵 쿵덕쿵 널뛰는데 왕겨를 받아서 개 주고

쿵덕쿵 쿵덕쿵 널뛰는데 종드래기 옆에 차고

쿵덕쿵 쿵덕쿵 널뛰는데 하늘의 별 따러 가자

과제 12에서 배우는 낱말

	계단	계획표	굴뚝	수박씨	아저씨	테니스
학습 전						
학습 후						

◉ 읽을 수 있는 낱말에 ○ 하세요.

계단 계획표 굴뚝 수박씨 아저씨 테니스

낱말 찾기	선생님 따라 읽기	선생님과 같이 읽기	혼자 읽기(15~25초 사이에 읽으면 다음 과제로 넘어가기)		
성공한 횟수:	1회 ○ 2회 ○ 3회 ○	1회 ○ 2회 ○ 3회 ○	1회: 초	2회: 초	3회: 초

굴뚝	아저씨		테니스	계획표	
계획표	테니스			수박씨	계단
계단	굴뚝	아저씨			수박씨

팽이치기

채를 감아 던지면 꼿꼿하게 서서

뱅글뱅글 뱅글뱅글 잘도 도는 팽이

팽이하고 나하고 한나절을 놀고

팽이 따라 뱅글뱅글 나도 돌며 놀고

복습하기 3

음운인식훈련

비낱말-낱말 인식 훈련

1. 권투, 권총, 썰매에서 첫소리가 다른 것은?

2. 꽹과리, 회오리, 탬버린에서 끝소리가 다른 것은?

3. 황금, 황소, 뜀틀에서 첫소리가 다른 것은?

4. 계산기, 청진기, 고무줄에서 끝소리가 다른 것은?

5. 케이블카, 케이크, 휴지에서 첫소리가 다른 것은?

6. 도서관, 원숭이, 박물관에서 끝소리가 다른 것은?

7. 굴뚝, 계단, 계획표에서 첫소리가 다른 것은?

8. 수박씨, 아저씨, 테니스에서 끝소리가 다른 것은?

황	금	아	저	씨	뜀	틀
소	박	물	관	계	산	기
권	총	회	케	단	썰	매
투	크	오	이	청	진	기
꽹	과	리	케	이	블	카

테니스	아저시	수박씨	굴뚝	개단
계획표	원숭이	후지	도서관	케이블카
케익	박물관	고무출	청진키	뜀틀
왕소	황소	황금	항금	탬버린
회외리	꽹과리	썰매	건총	권트

글자와 소릿값이 같은 낱말을 읽을 수 있어요.

과제 13에서 배우는 낱말

	교회	교문	뿌리	온도계	체온계	궁궐
학습 전						
학습 후						

◉ 읽을 수 있는 낱말에 ○ 하세요.

교회　교문　궁궐　온도계　체온계　뿌리

낱말 찾기	선생님 따라 읽기	선생님과 같이 읽기	혼자 읽기(15~25초 사이에 읽으면 다음 과제로 넘어가기)		
성공한 횟수:	1회 ○ 2회 ○ 3회 ○	1회 ○ 2회 ○ 3회 ○	1회:　초	2회:　초	3회:　초

교회		체온계	뿌리		교문
온도계		교문	교회	궁궐	
경찰관	체온계	뿌리			온도계

달두 밝다

달두 달두 밝다 명 달두 밝다

남호장 저고리 어화동

백항라 저고리 어화동

글자와 소릿값이 같은 낱말을 읽을 수 있어요.

과제 14에서 배우는 낱말

	메뉴판	메뚜기	조끼	웨이터	스웨터	뜨개질
학습 전						
학습 후						

◉ 읽을 수 있는 낱말에 ○ 하세요.

조끼　메뚜기　메뉴판　웨이터　스웨터　뜨개질

과제 14-2단계 [사물-글자 명명]

낱말 찾기	선생님 따라 읽기	선생님과 같이 읽기	혼자 읽기(15~25초 사이에 읽으면 다음 과제로 넘어가기)		
성공한 횟수:	1회 ○ 2회 ○ 3회 ○	1회 ○ 2회 ○ 3회 ○	1회: 초	2회: 초	3회: 초

 메뚜기 웨이터 뜨개질 조끼

웨이터 메뉴판   스웨터

뜨개질 메뚜기 스웨터 메뉴판 조끼

꼭꼭 숨어라

꼭꼭 숨어라 꼭꼭 숨어라

텃밭에도 안 된다 상추 씨앗 밟는다

꽃밭에도 안 된다 꽃모종을 밟는다

울타리도 안 된다 호박순을 밟는다

꼭꼭 숨어라 꼭꼭 숨어라

종종머리 찾았네 장독대에 숨었네 까까머리 찾았네 방앗간에 숨었네

빨간 댕기 찾았네 기둥 뒤에 숨었네

글자와 소릿값이 같은 낱말을 읽을 수 있어요.

과제 15에서 배우는 낱말

	햄스터	햄버거	돌멩이	번데기	소화기	구급차
학습 전						
학습 후						

◉ 읽을 수 있는 낱말에 ○ 하세요.

| 햄스터 | 햄버거 | 돌멩이 | 구급차 | 소화기 | 번데기 |

과제 15-2단계 [사물-글자 명명]

낱말 찾기	선생님 따라 읽기	선생님과 같이 읽기	혼자 읽기(15~25초 사이에 읽으면 다음 과제로 넘어가기)		
성공한 횟수:	1회 ○ 2회 ○ 3회 ○	1회 ○ 2회 ○ 3회 ○	1회: 초	2회: 초	3회: 초

	햄스터	햄버거	번데기		돌멩이
돌멩이	구급차		소화기	번데기	
햄버거		구급차		햄스터	소화기

122

이 거리 저 거리 각 거리

이 거리 저 거리 각 거리 천사 만사 다 만사

조리 김치 장독간 총채 비 파리 딱

한 다리 두 다리 세 다리 인사 만사 주머니 끈

칠팔월에 무서리 동지섣달 대서리

한 다리 두 다리 세 다리 너희 삼촌 어디 갔니

자전거를 고치러 오꽁조꽁 부지깽

글자와 소릿값이 같은 낱말을 읽을 수 있어요.

과제 16에서 배우는 낱말

	헬멧	헬리콥터	바람개비	동물원	과수원	우체국
학습 전						
학습 후						

◉ 읽을 수 있는 낱말에 ○ 하세요.

| 헬멧 | 헬리콥터 | 바람개비 | 동물원 | 과수원 | 우체국 |

낱말 찾기	선생님 따라 읽기	선생님과 같이 읽기	혼자 읽기(15~25초 사이에 읽으면 다음 과제로 넘어가기)		
성공한 횟수:	1회 ○ 2회 ○ 3회 ○	1회 ○ 2회 ○ 3회 ○	1회: 초	2회: 초	3회: 초

헬리콥터		동물원	바람개비	과수원	
과수원	바람개비		우체국		헬멧
	헬리콥터	우체국		헬멧	동물원

흰 구름

미루나무 꼭대기에 조각구름 걸려 있네

솔바람이 몰고 와서 살짝 걸쳐 놓고 갔어요

뭉게구름 흰 구름은 마음씨가 좋은가 봐

솔바람이 부는 대로 어디든지 흘러간대요

복습하기 4

음운인식훈련

비낱말-낱말 인식 훈련

1. 뿌리, 교회, 교문에서 첫소리가 다른 것은?

2. 온도계, 체온계, 궁궐에서 끝소리가 다른 것은?

3. 메뉴판, 조끼, 메뚜기에서 첫소리가 다른 것은?

4. 웨이터, 뜨개질, 스웨터에서 끝소리가 다른 것은?

5. 돌멩이, 햄스터, 햄버거에서 첫소리가 다른 것은?

6. 번데기, 소화기, 구급차에서 끝소리가 다른 것은?

7. 헬멧, 바람개비, 헬리콥터에서 첫소리가 다른 것은?

8. 동물원, 과수원, 우체국에서 끝소리가 다른 것은?

햄	버	거	바	람	개	비
스	메	뚜	기	찻	길	조
터	뉴	체	스	웨	터	끼
궁	궐	온	위	이	교	회
온	도	계	스	터	문	돌

햄스터	헬멧	헬리곱터	바라개비	과수원
번데시	소화기	구급차	동맹이	체윤계
규회	교몬	뿌리	온도계	궁궐
메뉴판	메투기	조끼	스웨터	뜨개질
동물원	우체국	바람매비	체온계	푸리

부록

3권 아동 반응 기록지

글자—그림카드 맞추기

3권 아동 반응 기록지

연습일	과제	낱말	반응	노래
	1	꼬리 꼬마 까치 수레 걸레 기와		개구리
	2	새총 새털 깡통 배달 메달 과일		여우야 여우야
	3	세배 세균 왕비 망치 꽁치 레몬		어디까지 왔니
	4	바퀴 바위 개울 다람쥐 생쥐 운동화		우리 마을
	5	식빵 식탁 필통 경찰관 현관 펭귄		남생아 놀아라
	6	왕자 왕관 백마 괴물 콩나물 눈썹		나물노래
	7	씨름 씨앗 쌀통 꾀꼬리 귀고리 휘파람		꼬마야 꼬마야
	8	화분 화살 멍게 크레파스 코스모스 미끄럼틀		이 박 저 박
	9	권총 권투 썰매 꽹과리 회오리 탬버린		두껍아 두껍아
	10	황금 황소 뜀틀 계산기 청진기 고무줄		둥개 둥개 둥개야
	11	케이블카 케이크 휴지 도서관 박물관 원숭이		널뛰기
	12	계단 계획표 굴뚝 수박씨 아저씨 테니스		팽이치기
	13	교회 교문 뿌리 온도계 체온계 궁궐		달두 밝다
	14	메뉴판 메뚜기 조끼 웨이터 스웨터 뜨개질		꼭꼭 숨어라
	15	햄스터 햄버거 돌멩이 번데기 소화기 구급차		이 거리 저 거리 각 거리
	16	헬멧 헬리콥터 바람개비 동물원 과수원 우체국		흰 구름

꼬리	걸레	꼬마	기와	까치	수레
새털	메달	과일	새총	깡통	배달

왕비	레몬	세배	세균	망치	꽁치
개울	운동화	생쥐	바퀴	다람쥐	바위

| 펭귄 | 필통 | 식빵 | 경찰관 | 식탁 | 현관 |
| 왕관 | 왕자 | 콩나물 | 눈썹 | 괴물 | 백마 |

씨앗	귀고리	꾀꼬리	쌀통	씨름	휘파람
미끄럼틀	크레파스	코스모스	화살	화분	멍게

회오리	권투	꽹과리	탬버린	썰매	권총
뜀틀	계산기	청진기	황소	고무줄	황금

박물관	케이크	원숭이	도서관	휴지	케이블카
수박씨	테니스	계단	계획표	굴뚝	테니스

교회	궁궐	교문	온도계	뿌리	체온계
뜨개질	메뚜기	스웨터	웨이터	조끼	메뉴판

돌멩이	구급차	햄스터	햄버거	번데기	소화기
바람개비	동물원	헬멧	헬리콥터	우체국	과수원

MEMO

MEMO

MEMO

MEMO

저자소개

김기주
(Kiju Kim)
소리나라 언어발달 심리치료센터 원장
대구대학교 재활과학대학원 석사(언어치료 전공)
부산대학교 특수교육대학원 박사(학습장애 전공)

김자경
(Jakyoung Kim)
부산대학교 특수교육학과 교수
미국 미주리 주립대학교 석, 박사(학습장애 전공)

학령기 아동의 언어치료를 위한

소리나라 한글 배우기 ❸ 글자와 소릿값이 같은 낱말
SORINARA' HANGEUL study for school age children ❸

2015년 1월 20일 1판 1쇄 발행
2023년 4월 20일 1판 3쇄 발행

지은이 • 김기주 · 김자경
펴낸이 • 김진환
펴낸곳 • (주) **학지사**
　　　　04031 서울특별시 마포구 양화로 15길 20 마인드월드빌딩
대표전화 • 02)330-5114　　팩스 • 02)324-2345
등록번호 • 제313-2006-000265호

홈페이지 • http://www.hakjisa.co.kr
페이스북 • https://www.facebook.com/hakjisabook

ISBN 978-89-997-0551-9 94370
　　　 978-89-997-0548-9 94370 (set)

정가 16,000원

출판미디어기업 **학지사**

간호보건의학출판 **학지사메디컬** www.hakjisamd.co.kr
심리검사연구소 **인싸이트** www.inpsyt.co.kr
학술논문서비스 **뉴논문** www.newnonmun.com
교육연수원 **카운피아** www.counpia.com